Litzelstetter Libellen. Ziemlich Neue Folge (ZNF)

DE TRANSLATIONE NURSERY-RHYMES

Litzelstetter Libellen
Ziemlich Neue Folge *(ZNF)* Nr. 9
Abteilung Handbüchlein und Enchiridia

John Hulme

DE TRANSLATIONE
NURSERY-RHYMES

Von den schwindelerregenden
Möglichkeiten
referentieller Verirrung
im älteren angelsächsischen Liedgut

Libelle

Inhalt

Vorwort

Die Gedichte in diesem tiefsinnigen Bändchen stammen aus dem Nachlaß eines exzentrischen englischen Lords, bei dem ich 57 Jahre lang als Butler gedient habe. Dieser bemerkenswerte Mensch lebte ganz alleine, mit einer riesigen Hühnerschar und mir, in einem verfallenen Schloß nicht weit von Windsor, wo seine Urahnen schon seit 1291 ohne fließendes Wasser existiert hatten.

Obwohl er das Schloß seit dem Ersten Weltkrieg nicht mehr verlassen hatte, angeblich aus Angst vor Zeppelin-angriffen, führte Lord Charles ein sehr aktives Privatleben. Jeden Morgen um 10 Uhr servierte ich ihm ein traditionelles englisches Frühstück in seinem uralten Himmelbett, wo schon Elizabeth die Erste mehrmals unter Alpträumen gelitten haben soll. Gewöhnlich bekam er sechs Eier, ein Pfund Schinken, einige Lammkoteletts oder manchmal ein Rumpsteak, drei Paar Bratwürste und selbstverständlich Toast mit Orangenmarmelade. Dazu trank er eine Tasse Tee und eine halbe Flasche Whisky.

Nach dem Frühstück ging er in die Bibliothek und spielte eine Stunde lang auf dem Dudelsack, während ich die Aufgabe hatte, ihm die Börsenberichte aus der ›Times‹ vorzulesen. Sein Mittagessen bestand hauptsächlich aus Whisky mit Roastbeef, wonach er sich meistens hinzulegen pflegte, manchmal auf den Teppich und manchmal auf den Tisch. Während dieser Ruhepause konnte ich verschiedenen Haushaltspflichten nachkommen. So oblag es mir unter anderem, den Dudelsack zu entwässern, die Schornsteine zu fegen und den Hühnerstall auszumisten. Vor dem Abendessen spielte Lord Charles

gerne Golf. Da er schon seit 1926 den Speisesaal dafür
benützte, hatten die Porträts seiner Urahnen erheblich
darunter gelitten. Diese sportliche Beschäftigung schien
seinen Appetit neu anzuregen, denn er vertilgte jeden
Abend entweder einen Truthahn oder eine Gans mit
passenden Beilagen, und als Nachtisch aß er zum Whisky
einen Christmas-Pudding.

Nach dem Essen ließ er die Hühner hereintreiben, und
wir sorgten zusammen für Nachwuchs in seinem Flohzirkus, der zuletzt über 117 Mitwirkende umfaßte. Da-
nach trug ich ihn ins Bett.

Ehrlich gesagt, kann ich mir nicht vorstellen, wann er Zeit
fand, die Gedichte dieser Sammlung zu schreiben. Sein
leicht alkoholischer Stil ist jedoch ganz deutlich zu erken-
nen, nicht nur in den kühnen Gedankensprüngen, sondern auch in den ausgefallenen Anspielungen auf östli-
che Religionen, historische Randfiguren und die
Eigenarten der Hühnerexistenz. Es ist mir ein besonderes
Vergnügen, seinen poetischen Nachlaß herauszugeben,
den er mir zusammen mit dem Dudelsack und dem
Golfschläger unter der einzigen Bedingung vererbt hat,
daß ich die Hühner und deren Flöhe weiterhin versorge.
Hoffentlich findet der Leser meine Anmerkungen von
Nutzen.

John Hulme   Bei Windsor 1981

Nachwort
der wissenschaftlichen Herausgeber

Die Verdienste des langjährigen Butlers[1] und Herausgebers der vorliegenden Verse, die unter dem Titel »*Die Gesammelten Werke des Lord Charles*« 1984 im Deutschen Taschenbuch Verlag publiziert wurden, sind unbestritten. Wenn wir uns entschlossen haben, das vergriffene Werk einer qualifizierten Öffentlichkeit unter neuem und – wie wir meinen: angemessenerem – Titel zugänglich zu machen, so kann dies nicht ohne behutsame Erweiterung jenes Horizonts geschehen, auf den geniale Werke ohnehin ständig zugehen.

Denn daß es sich um ein geniales Werk handelt, ist inzwischen weitgehend[2] unbestritten. Gleichwohl hat sich die wissenschaftliche Diskussion früh kritisch mit der Autorschaft der Verse beschäftigt und sowohl deren Funktion als auch Rezeption neu bewertet. Sie durfte dies umso mehr, als bereits der Herausgeber John Hulme, der wohl

---

[1] cf. *Brut & Handel (1993):* Kleine biographische Geschichte der Träger der Ehrennadel des mittelenglischen Geflügelzüchtervereins, German Edition, Vol. XVIII: Die achtziger Jahre des 20. Jahrhunderts, Pickwick; sowie: *Volker Kriegel (s. d.):* Backstage-Innovationen. Die förderliche Wirkung von Hintergrundmusik auf Betreiber und Mitwirkende im insularen vs. kontinentalen Flohzirkus. Vergriffenes Pausenpapier, jetzt wieder abgedruckt in : *V. K.:* Der Rock 'n' Roll-König, S. 36ff., Rowohlt.

[2] Die Auseinandersetzung mit der unqualifizierten Polemik »Der kleine Herr Karl. Ein neuer Fall von poetologischem Plagiat.« (anonyme Hetzschrift, beim volkskundlichen Fundamentalistentag des Bistums Chur 1990 verteilt) ersparen wir uns.

intimste Kenner des Alltagslebens[3] resp. Lebensstils[4] von Lord Charles, Verwunderung gezeigt hatte: »*Ehrlich gesagt, kann ich mir nicht vorstellen, wann er die Zeit fand, die Gedichte dieser Sammlung zu schreiben.*« (s. o. S. 9) Die Frage als erster gestellt zu haben, ehrt den autodidaktischen Herausgeber ebenso wie die taktvolle Weise, mit welcher er durch seinen Anmerkungsapparat die Erstrezeption zu leiten versuchte. Was abendländischer Bildungshorizont und praktische Vernunft zur Entschlüsselung der Welt noch in den 80er Jahren beizutragen vermochten, zeigen diese Anmerkungen des Butlers aufs Eindrücklichste.[5] Als eine kleine *hommage* aus der communio scientiarum wollen wir denn auch den Untertitel unserer Edition verstanden wissen.

Für unsere Neuausgabe haben wir deshalb die erklärenden Beigaben des Herausgebers unverändert übernommen, jedoch einen Titel gewählt, den die Ergebnisse der

---

[3] Spezifische Einsichten durch intensive Neuinterpretation der vorfindlichen Daten nun in: »Golf im Speisesaal«. Tagungsbericht der Aktionsgruppe für ganzheitliche Lebensführung, herausgegeben von *Alfred-Schütz-Memorial-Encounter-Group*, Ann Arbor 1988

[4] Die Ratlosigkeit, in welche Hulmes *Habitus*-Schilderungen – insbesondere der inkohärenten Mittagsschlaf-Gewohnheiten Lord Charles – die neuere Lebensstilforschung kabylisch-französischer Provenienz gestürzt haben, ist an dem ebenso beredten wie verbissenen Schweigen der *Bourdieu*-Schule ablesbar.

[5] Diesen Aspekt hat das Konstanzer Symposium (zum Thema »Das Fest«) der internationalen Forschergruppe *Poetik und Hermeneutik* herausgearbeitet: »Die Anmerkung als Fest. Differente Explikation und subsumierte Totalität an der Epochenschwelle zwischen östlicher Religionsgeschichte und westlicher Hühnerzucht«, Fink 1987.

inzwischen profilierten textkritischen Forschung nahelegen: DE TRANSLATIONE NURSERY-RHYMES. Mit dem Schlüsselbegriff *translatio* ist nicht nur der Aspekt der Über-Setzung als eines komplexen syntakto-semantischen transnationalen Aneignungsverfahrens in einem mehrfachem Sinne »aufgehoben«. Im ekklesiologischen Schrifttum erfahrene Leser konnotieren zudem die heilsgeschichtlichen Hintergründe der *translatio imperii*.[6]

Die weitverzweigte Forschungsgeschichte hier *in extenso* zu referieren, kann nicht Aufgabe dieser editorischen Handreichung sein. Stellvertretend und *in nuce* für die im periodischen Schrifttum[7], auf internationalen[8] Kongressen sowie in extensiv karierrespeditiven Veröffentlichun-

---

[6] Dazu ausführlicher: *Wolfgang Haas (1990)*, Päpstliche Personalpolitik als Paradigma der Lex Parkinson. In: Universalgeschichtliche Forgettabilien, Abtl. Puerilia, Neueste nachkonziliare Lieferung zur Liechtensteinischen Aufklärung, Einsiedeln.

[7] s. o. Anmerkung 5 [sowie die bisherigen Bände der Reihe »*Litzelstetter Libellen*«, deren komplette Anschaffung auch *Dich* nicht gereuen wird.]

[8] *David Lodge, Morris Zapp & Arthur Kingfisher (1987)*: Was auf dem Modern Language Association (MLA)-Kongreß wirklich geschah. Diskursive Praktiken vs. Lust am Text in der Lord-Charles-Debatte. Penthouse-Suite-Paper, Small World Press.
Lisa Kuoni/Rotraut Tour (1988): What did Herder really find in Windsor? Towards a reinterpretation of the origins of the »Volkslieder-Sammlung«. In: Wege zu Johann Gottfried Herder. Akten des 18. internationalen Herder-Kolloqiums, Leyden; erweiterte deutschsprachige Fassung: *Lisa Kuoni/ Rotraut Tour-Opa (1990)*: »Ffoulkes do has dig Ann's guest oh Len« oder »Fuchs du hast die Gans gestohlen«? Die Frage nach dem Urtext eines bekannten Kinderlieds im Licht der neueren Itinerarforschung, in: »Monatsblätter für deutsche Dichterreisen«, Neue Folge, 1. Heft, Meersburg-Leipzig, [vorm. »Vierteljahrblätter für Autorenreisen«, Aulendorf].

gen[9] seien hier nur die bereits[10] genannten Titel empfohlen.[11]

[9] *Emil Graber (1984a):* Sind die deutschen Volksweisen englischen Ursprungs? Ein Versuch. Im Selbstverlag des Verfassers, o. O.
Emil Graber (1984b): Infinite Hermeneutik und transnationale Interdependenz. Zur Theorie approximativer Herkunft populärer Poesie. Mit einem Essay von Walter Benjamin über Aura und Kindervers im Zeitalter ihrer chiropraktischen Überlieferung. Suhrkamp.
Lucy Diamond (1983): Butler John – A Working Class Hero? A Biographical Approach. 384 pp. (2., rev. edition 1985, 456 pp.; 3. enlarged and rev. edition 1987, 483 pp., 4., shortened edition 1990, 128 pp.)
Siegfried von Turpitz (1992): »Slaver mine prints shin«. Die Rehabilitierung der Persuasion als Endergebnis der Dekonstruktion figuralen Sprechens in DE TRADITIONE NURSERY-RHYMES. Qualifikations-Paper zur Erlangung des UNESCO-Lehrstuhls für Vergleichende Literaturwissenschaft und Repräsentationsrhetorik. Vaduz.

[10] Bereits vor Erscheinen des gedruckten Urtextes hat, wie posthume Veröffentlichungen nun beweisen, antizipatorische Analysen geliefert:
Paul de Man (1991): Die Fußnoten des Butlers. Ideologieresistenz, performative Gewalt und Konsens-Abdikation als intertextuelle Differenz in der ersten Druckfassung der »Gesammelten Werke des Lord Charles«. In: Nachgelassene Schriften. Yale-Press
Paul de Man (1991): Unlesbarkeit. Kinderverse zwischen privilegiertem Entwurf und rhetorischer Aporie. In: Noch mehr nachgelassene Schriften. Columbia University Press.

[11] Empfehlungen sind, wie internationale Zeitungslektüre zeigt, allgemein üblich. »Wir werden künftig, wenn wir von den führenden Schriftstellern des Landes reden, auch den Namen Blumenberg erwähnen müssen.« *Frank Schirrmacher* in seinem ersten Klappentext für ein bei Suhrkamp erschienenes Werk (vorab veröffentlicht in FAZ vom 17. 11. 1987, nachgedruckt in »The Nation« v. 9. 1. 1988). *Schirrmacher* ist hier deutlich inspiriert von der Lektüre der »Gesammelten Werke des Lord Charles«, vgl. den Text unten S. 29: »Dee bloomer line sees laug hen«. Auch wenn unsere Edition zu *Schirrmachers* Konjektur von »bloomer line« zu »Blumenberg« nicht folgen kann, so bleibt das doch hübsch assoziiert.

Deutsch-Schweizerische Kondensfassung

Die legendären Verse des exzentrischen Lord Charles werden hier mit den originalen Erläuterungen seines treuen Butlers in einer neuen und wohl auch endgültigen Edition vorgelegt. Ein wissenschaftliches Nachwort zum Vorwort bestätigt den epochalen Rang des Oeuvres für so unterschiedliche Wissensbemühungen wie die dekonstruktivistische Lektüre, vergleichende Folkloristik, den internationalen Kongreßtourismus und öffentliche Rezitation. Die Folgen der Edition eines Werks, dem – nach Walter Benjamin – »das Nichtsein dessen, was es vorstellt« eignet, können – etwa für eine interplanetische Semantik, wohl kaum aber für die Eidgenössische Fichen-Verwaltung – nicht einmal angedeutet werden.

Mittelafrikanisches Resumé

Tutulu noko m'zuki ulongo iko bwana Lord Charles imo m'kongo Windsor Castle jojo ibo Merry England n'bano dingo-dingo Sambesi aku umko m'banga Limpopo ukelele omo tosha rokoko Bodensee m'boko nujuju German Folklore toto banana.

Anglosaxon Abstract

In this slender yet momentous work the fundamental texts from the so-called Lord Charles Anthology are presented to a discerning public, avidly searching for cultural enlightenment, and laid bare within the complex framework of their historical reception into the world of scholarship and their unprecedented impact thereupon. The indeniable affinity between the poetry of the English upper-classes and the lesser luminaries of German folk-lore is finally revealed in its entire ... [illegible]. Or not, as the case may be. Singing the poems aloud does little to impair the reception of this work.

Resumé francophone

Soyez les bienvenues à la lecture d'une oeuvre qui établit le caractère singulier de la folklore française, en démon-trant incontestablement et en mettant en scène l'exposi-tion attendue depuis longtemps des connexions symbio-tiques entre la poésie populaire allemande et anglaise. En entonnant cette poésie ambivalente à haute voix, l'Euro-pe sera plus riche: ou du moins, pas plus pauvre.

Kgl. Holländische Gebrauchsanweisung

Deze poetische perziken hebben we zo lang mogelijk aan de boom von de erkenntnis laten rijpen. Daarom smaken ze net zo lekker als ze in Engeland smaken.

Lübkean Summary

The more you read the englisher looks it. Have you understand? Equal goes it loose.

Brood a line come tans[1] mid mere
By dare hen dare rye shish[2] dear.
Iron Mall[3] hin,[4] iron Mall hair
Rings harem, desist niche sphere.[5]

[1] Er bräunt sich mitten im See.
[2] Huhn mit Roggen-Kebab ist teuer.
[3] Breite Allee in London, die vom Trafalgar Square zum Buk-
kingham Palast führt.
[4] Hebräisches Maß, entspricht etwa 5,5 Litern.
[5] Eiserne Haarringe sind im Harem erlaubt, aber runde Gegen-
stände sollen aus den Nischen heraus.

Ark[1] do lea bear how Gus[2] teen[3],
How Gus teen, how Gus teen,
Ark do lea bear how Gus teen,
Alice is tin.[4]

---

[1] Entweder die Arche Noah (1. Mos. 6,14ff.) oder die Bundeslade (4. Mos. 10,35).

[2] *Gajus Julius Caesar Oktavianus* (63 v. Chr.–14 n. Chr.), erster römischer Kaiser, erhielt den Titel »Augustus« (der Erhabene) im Jahre 27 v. Chr.

[3] Er war aber schon längst kein Teenager mehr.

[4] Diese Alice aus Blech bleibt eine Rätselgestalt.

Goo ten are bend, goo ten act,

Mitt rose hen bed act,

Mitt Nell[1] Ken best egged

Sh! loop fun tear D-deck.[2]

Morgan[3] free, fen got fill

Fierce do Veda[4] gave egged.

---

[1] *Nell Gwynne* (1650 – 1687), Geliebte von *Charles II*.

[2] Zwischen C-deck und E-deck.

[3] *Sir Henry* (ca. 1635–1688), walisischer Seeräuber, der 1671 Panama eroberte und von Charles II. zum stellvertretenden Gouverneur von Jamaika ernannt wurde.

[4] Offensichtlich eine Freundin von ihm.

Moo see den,[1] moo see den,
Some stay tell her in house
Undo mine chats belie Bess[2] tear.
Veni[3] come, veni come,
Veni Veda, Veda come
Carey[4] iron mine chats by dear.

[1] Die Kühe kehren heim.

[2] *Elizabeth die Erste:* sie Lügen zu strafen führte zu mehr als Tränen.

[3] Die sogenannte Good Queen Bess sprach fließend Latein.

[4] *William* (1761 – 1834), erster baptistischer Missionar in Indien, wo er anscheinend mit Veda in Kontakt kam.

He shun do, miller's coo,
Miller's Hazel[1]
TASS[2] piss[3] do!

---

[1] Anscheinend gehörte dieses Fräulein einem Müller. Welche Rolle sie bei ihm spielte, wissen wir nicht.

[2] Telegraphen-Agentur der Sowjetunion. Vielleicht war Hazel Auslandskorrespondentin für Getreidefragen; vielleicht auch nicht.

[3] Kein schöner Ausdruck.

Ring her, ring her, wry her[1]
Veer cinder kin[2] dare dryer.
Veer sit son Hun[3] term holla bush
Hunt MacAnallah[4] hush, hush, hush.

---

[1] Er soll ihr Grimassen schneiden per Telefon.

[2] Die Verwandten drehen sich zur Kohle, um trockener zu werden.

[3] Etzel, oder vielmehr sein Sohn.

[4] Er jagt einen Schotten islamischen Glaubens.

Hen sell an grey tell
Sea gingham[1] in Dane[2] vault.
Airs Var[3] him vint[4] her
Hunt auk[5] so bittock[6] alt.

---

[1] Gingang, eine Art Baumwolle oder Leinen.

[2] *Knut der Große* (1018 – 1035).

[3] Die Provence ist bekannt für ihre guten Düfte, wie z. B. Lavendel, Fischsuppe, usw.

[4] Russisches Kartenspiel (»Schraube«).

[5] Alk (Orn.).

[6] Bißchen (Dialekt).

Allah fur girl sinned shown tar
Allah fur girl, Allah[1].
Am cell dross elf ink hunt star
Undie[2] can Sir foe girl Shah
Finch hen dear iron coo[3] tis yah!
Lout[4] air high land say gun.

---

[1] Wegen ihrer Sünden sitzt sie in einem Pelzmantel in ihrer Zelle und ruft Allah an.

[2] Ein Zwerg mit Schlacke jagt nach der Unterwäsche einer Filmgröße.

[3] Tauben gurren, Finken und Hühner aber selten. Vielleicht sind persische anders.

[4] Dieser Lümmel schießt sie trotzdem.

Ffoulkes do has dig Ann's guest oh Len[1]
Keep sea Veda hare;
Suns mousse[2] Dick[3] dare yea car ho Len
Mid dame she's give air.

---

[1] *Lenin, Wladimir Iljitsch* (1870 – 1924). Wann er bei Ann zu Gast war, werden wir nie erfahren; Mr. Ffoulkes bleibt auch ein Rätsel.

[2] Schaumgelee.

[3] *Richard Löwenherz*, König von England 1189 – 1199, verbrachte das Jahr 1193 auf dem Trifels bei Landau als Gefangener Kaiser *Heinrich des Sechsten.*

Back, a back, a cook hen
Dare beck[1] her hat Gay[2] roof hen.
Fair fill coot hen, cook hen, back hen
Dare mousse[3] ha! Ben[4] see Ben sack hen.

---

[1] Bächlein (poetisch).

[2] *John* (1685 – 1732), englischer Dichter, schrieb »The Beggar's Opera«.

[3] Schon wieder Schaumgelee! (vgl. S. 24, Anm. 2)

[4] Vermutlich *Benjamin Franklin* (1706 – 1790), amerikanischer Staatsmann und Philosoph. Die Verbindung mit Hühnern ist unklar.

Iron men line state him Valda[1]
Gan's[2] still Ann's tum.
S-hat[3] fawn Lao[4] tear poor-poor
Iron meant lie numb.

---

[1] Wahrscheinlich eine skandinavische Krankenschwester, die Anns Magenschmerzen heilte.

[2] Eine Insel der Maledivengruppe im Indischen Ozean, 800 km westlich von Ceylon.

[3] Ein Sonntagshut; dieser war rehfarbig und zerrissen, weil er schlecht gebügelt worden war.

[4] Lao Kay, Stadt in Nordvietnam, nicht weit von der chinesischen Grenze.

Hop, a hop, a writer
Veni[1] felt dan[2] sch! right air;
Felt air in den grab hen,
Frass[3] hen e'en Dee[4] Raab[5] hen.

[1] Der Schriftsteller war offensichtlich *Julius Caesar*.
[2] Kleine Boje.
[3] Larvenexkrement.
[4] Fluß in Cheshire, England.
[5] Fluß in Ungarn.

Goo[1] tear moan do gays[2] so still her
Dour sh! Dee are bent Vulcan Inn.[3]
Lar best knack Des[4] tar guess sh! feeler
Dour sh! dine fro in lich[5] licked den sin.

[1] Klebriges Zeug.

[2] Die lustigen bzw. warmen Brüder beklagen sich im Stillen:
Man beachte auch den wiederholten Gebrauch des Lautes »sh«
in den nächsten Zeilen.

[3] Dieser Gasthof am Fluß Dee hat den römischen Gott Vulkan
als »Lar« oder Schutzgott.

[4] Desdemona, Heldin in *Shakespeares* Tragödie »Othello«.

[5] Leiche: vgl. »lich-gate« oder Friedhofstor.

Dee bloomer[1] line sees laugh hen
Shown lengths Tim[2] moan den shine
See Nick[3] hen mid den curb[4] shun
How fear hens Tengah[5] line.

---

[1] Die Schlupfhosen an der Leine bringen das Huhn zum Lachen.

[2] *Timotheus*. Märtyrer und katholischer Heiliger (Feiertag am 24. Januar).

[3] *Nikolaus von der Flüe* (»Bruder Klaus«), hoch verehrter Volksheiliger (1417–1487 in der Schweiz).

[4] Hasenfuß kommt bei Hühnern verhältnismäßig selten vor.

[5] Stadt in Singapur.

Do beast fee iron a bloomer
So Holt[1] hunch urn[2] hunt Rhine.
He show dish Ann hunt Vermouth[3]
Slight mere inserts[4] in nine.

---

[1] *Mr. Holt* war anscheinend ein Buckeliger, der Damenwäsche bügelte.
[2] Außerdem betätigte er sich als Archäologe, und zwar am Rhein.
[3] *Ann* interessierte sich mehr für die Flasche.
[4] Einlagen.

Slav kin[1] shone Slav
Dine far tear hoot dish half;
Dine moo tear shoe tilts boy mare line
Tar felt air arbour Troy[2] mare line;
Slav kin shone Slav.

---

[1] Zur Slawenfamilie gehören Bulgaren, Großrussen, Kroaten, Polen, Serben, Slowaken, Slowenen, Tschechen, Ukrainer und Weißrussen.

[2] Trojaner aber nicht.

Slaver[1] mine prints shin Slav iron
Fur glen rune on bloomer[2] line
Fell dare on fee sun fair stumped[3]
Oak niche Tyne[4] bean shun mayor summed.

---

[1] In diesem Fall – auf Grund anderer Aussprache – kein Sklavenhändler, sondern ein Geifer.

[2] Runen werden selten an Schlupfhosen entdeckt. Offensichtlich ein antikes Paar.

[3] Verblüfft.

[4] Fluß in Nordengland, 129 km lang; Kohlenfelder, Schiffbau, usw. (Newcastle).

Highly, highly gain shun[1],
Cyst shon Veda[2] coot.
Ketch[3] hen hatters fen shun[4],
Cyst shone Veda coot.

---

[1] Er soll sich vom Materialismus fernhalten.

[2] Name der vier ältesten indischen Schriftdenkmäler (etwa 1500 bis 600 v. Chr.), die religiöse Literatur enthalten.

[3] Kleines zweimastiges Küstenschiff.

[4] Die Hutmacher vermeiden das Marschland.

Loose tick is D'Arcy coiner[1] lay Ben,
Far he are[2], far he are! Ho!
Brow Ken dame ki... Sir
kine[3] sense[4] zoo gay Ben,
Far he are, far he are! Ho!

.

---

[1] Als Falschmünzer mußte *D'Arcy* mit einer Deportierungsstra-
fe rechnen; die nächste Zeile kommt nicht ganz unerwartet.
[2] *Ben* spricht offensichtlich Dialekt.
[3] Vieh. Bischof *Thomas Ken* (1637–1711), der allerdings keinen
»Sir«-Titel hatte, geriet über dieses Wort ins Stottern.
[4] *Ben* war vernünftig und brachte es in einen Zoo.

Hop, hop, hop,
Fared shone loaf[1] girl hop,
Loaf Noah who bear stock hunt sty ne'er[2]
Brick dear are bear knit Dee[3] by ne'er
Hop, hop, hop, hop, hop,
Fared shone loaf girl hop.

---

[1] Das Mädchen sammelt Hopfen mit einem Brot.

[2] Der Kapitän der Arche hat doch niemals Bären im Schweine-stall gejagt.

[3] Fluß in Nordwestengland, mündet bei Chester. In dieser Ge-gend ist das Stricken angeblich verboten.

Wendy[1] bun ten far nun fay hen
Gate Dee fart[2] vole who bears mayor
Volonne[3] veer fair an a lander say hen
Felled dare apse sheet Huns niche Vere.[4]

[1] Freundin von *Peter Pan.*
[2] Eine der ungehemmten Lieblingsbeschäftigungen der *Liselotte von der Pfalz.*
[3] Dorf in den Basses-Alpes, Frankreich. Die Einwohnerzahl (1966) betrug 1039 Seelen.
[4] *Aubrey Thomas de Vere* (1814–1902), englischer Dichter.

Me somehow Sir Kett[1] shin
Life too burden, damn[2]!
Life too burden, damn!
Hat iron par[3] goldener
pan turf ell[4] shone Ann.

---

[1] Führer eines Aufstandes gegen Eduard den Sechsten, im Jahre 1549.

[2] Er schimpft über die unerträgliche Last des Lebens.

[3] Das Hufeisen hat den Nennwert von einer Pfanne Gold.

[4] Eine englische Elle = 45 Zoll, eine schottische dagegen nur 37,2 Zoll. Eine preußische Elle entsprach ungefähr 66,69 cm.

He sh! vice knit vas solace be toy ten[1]
Doss eke so trow reek bin.[2]
Iron mere shun house Al[3] ten sigh ten
Doss Comte mere knit house den sin.[4]

---

[1] Das Laster hat seine Gefäße zusammengestrickt, aber zum Trost bekommt er zehn Spielsachen.

[2] Er glaubt, das Bett riecht wie eine Mülltonne.

[3] *Capone*, berühmter Chicagoer Gangster-Boss.

[4] Eine Lasterhöhle, in der ein französischer Graf angeblich strickte.

Khi[1] Sir, cur Nick[2], eh dell man
Burger[3] bower petal[4] man.

---

[1] Zwanzigster Buchstabe des griechischen Alphabets.

[2] Der Teufel wird mit einem Köter verglichen.

[3] Eine Art deutsches Beefsteak, sehr beliebt in England (z. B.
Beefburger mit Senf, Beefburger mit Tomatensoße, usw.
Cheeseburger gibt es allerdings auch).

[4] Er ißt es in einer mit Blumenblättern verzierten Laube.

Ditty[1] roller sinned loose tick,
Ditty roller sinned fro.[2]
Sea fair cow fen ears laughs hoick[3]
Hunch laugh hen off strow.[4]

---

[1] Ein Liedchen, anscheinend über die Sünden einer Straßenwalze mit einem lockeren Matratzenbezug.

[2] (Hin und) her.

[3] Die Seekuh zieht die Ohren ruckweise hoch beim Lachen.

[4] Das buckelige Huhn lacht über das gestreute Futter.

Desist dare dhow[1] men
Dare shoe tilt deep flower men
Dare hip[2] see Allah oaf
Dare trick see knack[3] house
Hun dare hiss sea[4] Allah, Allah oaf.[5]

---

[1] Arabisches Segelschiff.

[2] Die »Hippies« oder »Blumenmenschen« waren einst sehr verbreitet.

[3] Trotz Geschicklichkeit hat man den Trick durchschaut.

[4] Der Hunne ist wagemutig, obwohl das Meer zischt.

[5] Dummkopf.

Irons vie dry fear Finn if sex see Ben[1]
Iron a bower's frow[2] cock true Ben.
Iron a bower's frow cocked spec[3]
Undo beast vague.[4]

---

[1] Dieser Benjamin wollte nichts Unanständiges sehen, aus Angst vor einem Finnen mit einem trockenen Bügeleisen.

[2] Eine Holländerin in einer Laube bügelt einen Hahn.

[3] Sie setzte ihre Brille schief auf.

[4] Ein rätselhaftes Tier.

Him fun dare sure nun moan[1] hat my
Else Allah ken[2] horse pen sprang hen
Doris[3] in mine hem hurt son
D. Lee[4] bear off gig hang hen.

---

[1] Die Nonne stöhnt über seinen Hut.

[2] Schottischer Ausdruck, bedeutet »*wissen*« oder »*kennen*« (vgl. »*Do you ken John Peel*« usw.).

[3] Landschaft im alten Mittelgriechenland; Ausfuhr von Säulen usw.

[4] Eine Verwandte von *Robert E. Lee* (1807–1870), dem nordamerikanischen General, der im Sezessionskrieg (1861–1865) das Heer der Südstaaten führte.

Dare yea grrr[1] house cooer[2] faults
Dare right ate
Dour sh! Dane[3] grew nun vault
Al[4] here off grew ne'er hide,
Al here off grew ne'er hide.

---

[1] Er wird wütend.
[2] Er tut zärtlich, obwohl das Haus so viele Defekte hat.
[3] *Hamlet*.
[4] Entweder *Ali Bab*a oder *Alkibiades*; vielleicht auch beide.

Tar[1] has do iron tar lar
Gay oaf den marked
Cow if dear[2] iron a coo
Iron kelp[3] shun dart[4] zoo.

---

[1] *(Jack) Tar* = Teerjacke, Matrose.

[2] Das ewige Steigen der Lebensmittelkosten bietet Schwierig-
keiten, nicht nur für Matrosen.

[3] Seetang enthält Jod.

[4] Er soll keine plötzlichen Bewegungen im Zoo machen.

Cook hook, cook hook,
Roof's house dame vault.[1]
Lass[2] ate Huns sing hen
Tan Zen[3] Hun spring hen
Free ling, free ling,
Fear Tess[4] noon ballot.[5]

---

[1] Ein erstaunlicher Sprung für eine ältere Frau! Vielleicht hat der Koch mit seinem Haken geholfen.

[2] Das Mädchen ißt Huhn, während die Hunnen singen und springen.

[3] Buddhistische Sekte in China und Japan.

[4] Heldin eines Romans von *Thomas Hardy* (1840 – 1928).

[5] Sie hat Angst vor der Losung um den Leng, die um Mittag stattfindet.

Dare moan tis how fair Gan gun
Dee golden hen[1] stair'n line prang[2] hen
Am him mell[3] hell hunt claw.
Dare felt state still hunch vie get
Hunt house den fee sun sty get
Dare vie Sir neigh[4] bell fun dare bar.

[1] Wahrscheinlich eine Art Tiergötze (vgl. 2 Mos. 32,4ff.).
[2] Das Huhn wurde zerstört.
[3] *(Pell-) mell* = Durcheinander.
[4] Es ist nicht ganz klar, wo das Wiehern herkommt.

Compton[1] foe girl give Logan[2]
Set sick need air off mine fuse,
Hatton[3] settle hymns nor bell
Fonder mutter[4] eye nun grew's.

---

[1] Stadt in Kalifornien; Einwohnerzahl (1960): 71 812.

[2] *John*, Dichter (1748–1788).

[3] Hatton Gardens, Zentrum des Londoner Diamantenhandels.

[4] Kein Wunder, daß die Nonne murrte, da weder die Kirchen-
lieder noch die Glocke festgesetzt worden waren.

Highly, highly say gun
Dry dark ray gun.[1]
Dry darks nay
Toots[2] dame kin shun knee mayor fay.[3]

---

[1] Das sogenannte trockene dunkle Strahlgewehr wird hochgelobt.

[2] Es scheint aber nur zu tuten.

[3] Die Frau vermeidet ihre Verwandten, weil der Bürgermeister eine Fee auf dem Knie hat. Man kann schon ahnen, was sie mit dem Gewehr vorhatte.

Allah miner[1] engine
Sh! Women how've dame say,
Sh! Women how've dame say.
Curb shun hunter vas[2] her
Sh! Fen shun[3] in dare her.

---

[1] Ein islamischer Bergmann wird gebeten, seinen Motor leiser zu stellen, weil die Frauen sich unterhalten wollen.

[2] Gefäß (botanisch und anatomisch).

[3] Sie soll den Jägersmann in der Marsch vermeiden. Ein guter Rat.

How fine am bough[1] mine cook hook ...
's him, salad him, bomb-bar[2], salad who?
Salad him!
How fine am bough mine cook hooks arse.[3]
Dakar[4] mine younger yea gas...
's him, salad him, bomb-bar, salad who?
Salad him!
Dakar mine younger yea gas-man.[5]

---

[1] Ast. Der Koch bewundert den Haken, an dem der Salat hängt.

[2] Kein sehr angenehmes Lokal.

[3] Kein sehr angenehmes Wort.

[4] Hauptstadt der Republik Senegal, Westafrika. Einwohnerzahl (1961): 230 000.

[5] Ein Vertreter des DGB (Dakarischer Gasbetrieb).

Aunty roller[1] Volta[2] yah[3] gun
Eye nun games pock, games pock,
Sill Burke[4] row.
Dockers volt team knit curling hen
Dentist tear line, tear line, Var Zouche[5] Lao.[6]

---

[1] Lockenwickler. Seine Tante war offensichtlich Friseuse.

[2] Außerdem kam sie aus Afrika.

[3] Pfui!

[4] *Edmund* (1729 – 1797), englischer Politiker.

[5] Ashby-de-la-Zouche, Stadt in der Grafschaft Leicestershire, wo *Maria Stuart* eine Zeitlang gefangen gehalten wurde. Die Verbindung mit Südfrankreich ist unklar.

[6] Chinesischer Philosoph (ca. 600 v. Chr.).

Hen chink[1] line gate a line
In divide a felt in nine.
Stock in hoot[2] stay team coot[3]
Eris[4] vole gay moot.[5]

---

[1] Die Henne entkommt durch eine Ritze im Tor.

[2] Eulenruf. Die Henne war vielseitig begabt.

[3] Wasserhuhn.

[4] Griechische Göttin der Zwietracht, die einen Streit unter den Göttinnen Aphrodite, Athene und Hera entfesselte, der von Paris entschieden wurde.

[5] Sie ist unsicher, ob die Wühlmaus »warm« ist.

Mine hoot[1] air hat dry egg hen,
Dry egg hen hat mine hoot.
Hunt[2] ate air knit dry egg hen,
Dan[3] Vera's knit mine hoot.

[1] Eulenruf. Kanarienvögel wurden oft benützt, um die Anwesenheit von Grubengas anzuzeigen, aber über den Gebrauch von Eulen gibt es – in der ganzen englischen Literatur – nur dieses eine Beispiel.

[2] Bei der Jagd ißt man Hühnereier aus einem gestrickten Hut.

[3] Entweder der Prophet aus dem Alten Testament oder vielleicht der englische Erzähler *Defoe* (1660–1731). In seinem »Robinson Crusoe« wird aber keine Vera erwähnt.

Vice do V[1] feel stair'n line stay hen
Ann[2] dame grow son him else Celt[3].
Vice do V feel Vulcan[4] gay hen
Vie[5] tin who bear Allah felt.

---

[1] Wahrscheinlich der altrömische Gott *Vulkan* (siehe Anmerkung 4), der allerdings nicht besonders lasterhaft war.

[2] Seine Beziehung zu dieser Person bleibt rätselhaft.

[3] Die Kelten leben heute noch in Schottland und Wales, auf der Insel Man und im westlichen Irland, sowie auch in der Bretagne.

[4] Griechisch »Hephäst«.

[5] Er wetteifert mit einem Mohammedaner, der eine Blechdose trägt.

Verzeichnis der Anfänge

Khi Sir, cur Nick, eh dell man *39*
Loose tick is D'Arcy coiner lay Ben *34*
Me somehow Sir Kett shin *37*
Mine hoot air hat dry egg hen *54*
Moo see den, moo see den *19*
Ring her, ring her, wry her *21*
Slaver mine prints shin Slav iron *32*
Slav kin shone Slav *31*
Tar has do iron tar lar *45*
Vice do V feel stair'n line stay hen *55*
Wendy bun ten far nun fay hen *36*

Weiterführende Literatur

Almanach des Britischen Adels, 1788.
Die Bibel (»Authorized Version«), 1611.
Führer durch Windsor (mit Stadtplan) – Meier, 1902.
Geschichte der Britischen Inseln – Schmidt, 1899.
Der Koran (37. Ausgabe), 1859.
Kursbuch der Britischen Eisenbahn, 1951.
Das Londoner Telefonbuch, Band I (A bis D), 1979.
Das Londoner Telefonbuch, Band II (E bis K), 1977.
Das Londoner Telefonbuch, Band II (L bis R), 1978.
Das Londoner Telefonbuch, Band IV (S bis Z), 1976.
Oxford English Dictionary (2. Ausgabe), 1929.
Shakespeare W. – Gesammelte Werke, 1654.
Weltatlas – Christopher Kolumbus Verlag, 1492.

Register

Was schien noch alles klar, damals anno 1990,
als »Die gesammelten Werke des Lord Charles«
im dtv-Verlag (weiterhin © 1984)
vergriffen gemeldet wurden
und im Zeichen der Libelle flugs
mit den notwendigen Erweiterungen (S. 10–15; 56–64)
unter neuem Titel erschienen –
im britannischen Könighaus war noch fast alles in Ordnung,
und Lady Di übte höchstens ganz leise schon mal
»Moo see den…« (s. o., S. 19),
in Deutschland bemühten sich alle,
rasch zusammenzuwachsen,
das klang aus dem Kanzleramt eher wie
»Dare yea grr house cooer faults« (S. 44),
im Osten war vereinzelt »Wendy bun ten far nun fay hen« (S. 36) zu hören.
Auch ließ sich Anmerkung 3 auf S. 40 damals
noch ganz ohne ihren visionären impact in Sachen
Seekuhwahnsinn lesen.
Wie auch immer.
Wenn wir schon an der 1. Auflage sechs unterhaltsame Jahre
verkauft haben:
was wird dann alles während der zweiten passieren…?

Um eine musikalische Gratisgabe erweitert
und somit in die ZNF als Nr. 9 aufgenommen
im August 1996,
gedruckt bei Maus in Konstanz,
gebunden bei Walter in Heitersheim
im August 1996.

ISBN 3-909081-46-0

Graphische Gratisgabe

Editionsnotiz zur Graphischen Gratisgabe: John Hulme hat erst nach Drucklegung unserer Erstausgabe (1990) bei wiederholter Visitierung des Dudelsacks *(s. o. S. 9)* ein mit Noten versehenes Manuskript gefunden, das nun unsere Neuausgabe bereichert. Es handelt sich um eine eigenwillig erweiterte Fassung des auf *S. 24* abgedruckten Lieds und läßt darauf schließen, daß *Lord Charles* an einer dudelsackgestützten musikologischen Erweiterung seiner Gedichte experimentiert hat.

Die – durch Hühnereinwirkung stark in Mitleidenschaft gezogene – Notenschrift wurde uns dankenswerterweise im Juni 1996 von *Robert Kolben* restauriert.

Len

Len

guest   oh   Len

ea   Ve - da   hare,

dame she's give air,——

id dame she's give air.

Ffoulkes do has dig Ann's guest oh
Keep sea Veda hare;
Suns mousse Dick dare yea car ho
Mid dame she's give air.

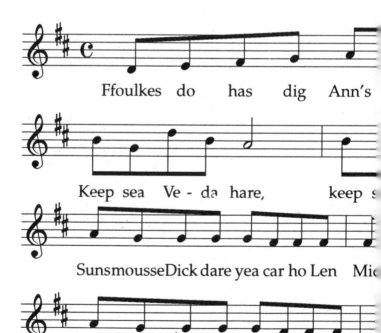

Ffoulkes   do   has   dig   Ann's

Keep sea   Ve - da hare,   keep

SunsmousseDick dare yea car ho Len   Mi

Suns mousse Dick dare yea car ho Len   N